Dr. Vladimir Pappafava.

ÉTUDE

SUR L'EXÉCUTION

DES

ACTES NOTARIÉS.

ÉTUDE

SUR L'EXÉCUTION

DES

ACTES NOTARIÉS

D'APRÈS

LA LÉGISLATION AUTRICHIENNE

ÉTUDE

SUR L'EXÉCUTION

DES

ACTES NOTARIÉS

D'APRÈS

LA LÉGISLATION AUTRICHIENNE

PAR

M. LE D' WLADIMIR PAPPAFAVA

Avocat, à Zara (Dalmatie).

TRADUITE PAR

M. FRANÇOIS ARNAUD

Notaire, à Barcelonnette (Basses-Alpes).

Membres de la Société de législation comparée.

(EXTRAIT du *Bulletin de la Société de Législation comparée*.)
(N° 6 de juin 1889.)

PARIS

LIBRAIRIE COTILLON

F. PICHON, SUCCESSEUR, ÉDITEUR,

Libraire du Conseil d'État et de la Société de législation comparée,

24, rue Soufflot, 24

1889

ÉTUDE

SUR L'EXÉCUTION

DES

ACTES NOTARIÉS

D'APRÈS

LA LÉGISLATION AUTRICHIENNE

———

Dans le droit romain, l'exécution (*manus injectio*, *pignoris capio*, *bonorum venditio*) n'était accordée qu'à la sentence passée en forme de chose jugée, ainsi qu'à l'aveu judiciaire (*confessio in jure*), d'une valeur égale.

Pendant le moyen âge, l'extension des rapports commerciaux et la nécessité de donner aux conventions, dans l'acte même où elles étaient stipulées, la sanction de l'autorité publique, de façon à les pouvoir présenter ensuite en justice pour l'exécution immédiate, fit naître en Italie une institution particulière, celle des actes dits garantis (*instrumenta guarentigiata*). Lorsqu'elles voulaient donner à leurs actes l'exécution parée, les parties feignaient un procès, et prenaient la formule des *confessiones in jure*. Ces actes étaient passés devant le juge ordinaire, et, sous Charlemagne, devant le notaire (*judex chartularius*), qui inscrivait dans le document l'injonction à la partie qui promettait de satisfaire à sa promesse dans un laps de temps déterminé. Cette injonction s'appelait *præceptum seu mandatum executivum* et l'acte avait *paratam executionem prout sententia quæ in rem judicatam transierit*.

L'illustre canoniste Gonzalès (*commentaria perpetua* — ad, cap. I, decret. tit. 22, lib. II), parlant de l'exécution des actes publics, s'exprime ainsi :

« Ex dictis videmus forman instrumenti publici inventam fuisse primo vudem, deinde expositam magis a jure romano, et in quantum propugnata sit apud alias nationes, constat ex præsenti titulo, et nulla fere gens hodie cognoscitur, quæ non sit barbara aut ferina, quæ his instrumentis non citatur ; non quidem forma præcisa inducta legibus romanis, sed prout quod que regnum magis expedientem et sui, institutis congruentem putat. In hoc tamen omnes conveniunt, ut quamvis externum instrumentum sit, fidem in proprio regno faciat, quo offertur, si de notario ejusque publico ministerio sufficienter constet, veluti aliis duobus de eodem fidem facientibus, sed licet magna uset auctoritas publici instrumenti apud romanos, non tamen habebat executionem paratam, set res judicata, juramentum decisorium, vel confessio in jure facta, quod probari solet ex Lege 41. Dig. *de minoribus*, quod testimonium tanquam ineptum merito eludit primarius noster Enriquez. — Sed quamvis ex eo loco non probetur, vera est sententia, vel eo solo quod nullum in omni jure testimonium est, in quo vis instrumenti attribuatur, ut agnoscunt doctores. — Postea Itali hanc vim experunt attribuere instrumentis publicis, modum excogitante, quo non minus haberent executionem paratam, quam res judicata, vel confessio in jure facta, nempe si reus palam confiteatur, se tot aureas debere, vel ad tale factum obligatum ivi patiaturque in se agi, tanquam si in jure confessus fuisset, vel a judice competenti condemnatus per sententiam in rem judicatam transactam, consentiatque ut in se executivo modo agatur. »

Aux XIIIe et XIVe siècles, en vertu de la coutume et des lois statuaires, dans la majeure partie des villes d'Italie, de France et d'Espagne, et, avec quelques modifications, dans quelques États de l'Allemagne, il fut de principe que, pour constituer un document *guarentigiato*, il n'était nullement nécessaire que les parties fussent en procès, mais qu'il suffisait simplement que dans l'acte même fut insérée la clause exécutoire. (*Viggansi Borsari, jurisprudenza ipotecaria dei vari istati d'Italia*, discorso prél., § 8 ; Thesaur, dec. 26, H. 11 et 12 ; *Maranta speculum aureum* : par. 6, tit. de instrum. product., n° 13 ; bovarruvia, variat. ve sol. lib. 2., cap. II, n° 3).

En inscrivant dans leurs actes cette clause, dite *guarentigia*, les notaires lni imprimaient la marque d'une reconnaissance judiciaire : « Ne... qua odiecta clausola nulli dubium est, quia paratam executionem offerat instrumentum, dicitur *guarentigia*, quia guarentare significat robur addere et firmitatem rei tribuere, ut ex veteribus, quorum multos laudant, tradunt Parladorius, Beyo, Carrasso, etc. » (Gonzalez, *loc. cit.*)

La législation française moderne attribue aussi aux actes notariés, par une formule spéciale, l'exécution parée, c'est-à-dire l'exercice immédiat et réel de son droit par la partie demanderesse, au moyen de la simple remise de son acte à l'exécuteur de la justice, à l'huissier. (Art. 146, 433, 545, 551 et 556 du Code de procédure civile français.)

L'exécution des actes notariés est de même sanctionnée : en Italie, par l'article 554 du Code de procédure civile ; en Grèce, par une loi de 1834 ; dans le canton de Genève, par l'article 368 ; dans les Pays-Bas, par l'article 436 ; dans le Hanovre, par le paragraphe 528 ; à Oldenburg, par le paragraphe 333 ; dans le Wurtemberg, par le paragraphe 903 ; en Bavière, par l'article 822 du Code de procédure civile et, jusqu'en Hongrie, par le paragraphe 111 du régime notarial.

En Autriche, abstraction faite de quelques exceptions insignifiantes pour notre sujet (V. Sonzogno, *Manuel des procès civils autrichiens*, notamment au paragraphe 385), on a rigoureusement suivi la règle de n'accorder l'exécution qu'aux sentences passées en force de chose jugée et aux conventions judiciaires. Les actions résultant des actes notariés devaient être intentées par demande régulière et exercées suivant les règles communes des procès civils.

Dans les derniers temps seulement l'ordonnance impériale. du 21 mai 1855, H. 95, donne satisfaction à l'urgente nécessité de rendre plus rapide la réalisation des crédits portés par les actes notariés, en accordant aux créanciers une procédure privilégiée, qui, dans ses éléments essentiels, ne diffère point de celle que l'ordonnance du 25 janvier 1850, H. 52. B. L. J., avait instituée pour les affaires commerciales.

Par l'ordonnance du 18 juillet 1859, H. 130, B. L. J. Cette procédure fut plus particulièrement réglée et étendue, non seulement à d'autres actes, mais même aux documents privés, légalisés par un notaire public.

Le paragraphe 3 de la loi du 25 juillet 1875, n° 75, attribue aux actes notariés, aux conditions déterminées par cette loi, la même force exécutive qu'à une convention conclue en justice. Cette disposition était réclamée pour la prompte expédition des affaires, pour l'économie des frais de justice, pour l'augmentation du crédit, le plus puissant excitateur des négociations sociales, et enfin pour relever le prestige des notaires.

L'exécution des actes notariés est une conséquence de la souveraineté des citoyens dans leurs affaires de droit privé et prend une grande importance au point de vue politique. Elle est avantageuse à l'État au point de vue financier, parce que, avec les transactions, se multiplient les actes notariés et, avec eux, les revenus publics.

Quelques-uns objectent que personne ne peut se soustraire au juge ordinaire et que le notaire ne peut se substituer à lui. Néanmoins, comme l'observa clairement le professeur Saredo (*Institutioni di procedura civile*, vol. II, page 875), « le notaire, dans la

limite de ses attributions, exerce une véritable et propre juridiction
et il n'y a pas à s'étonner par suite si un acte régulier de sa juridiction, même volontaire, émanant d'un officier public, a la même
force exécutive qu'une sentence ou une convention judiciaire.
M. Meyer, dans son célèbre ouvrage, *Esprit, origine et progrès des
institutions judiciaires des principaux pays de l'Europe* (tome V,
cap. xiv), dit : « L'exécution d'un acte notarié entre les contractants
est de même nature que celle d'une sentence. Le notaire constitue
une espèce de tribunal, qui ne juge que du consentement des parties, mais dont les décisions ont entre les parties le même effet que
la sentence du magistrat en matière contentieuse. »

Par le paragraphe 3, précédemment cité, de la loi notariale autrichienne, sont admis à jouir de l'exécution immédiate, les actes
notariés, ou soit ceux dressés en conformité des dispositions contenues dans la première partie du chapitre xv de cette loi, actes
dans lesquels le notaire prend une part active, prépondérante, es-
sentielle, dirons-nous, et qui sont ainsi par lui dressés et conservés
pour la garantie des contractants. Il en est de même des documents
privés, auxquels le notaire donne l'authenticité, au sens du paragraphe 54 de la loi notariale, à moins qu'ils ne se rapportent à
l'une des affaires énoncées dans le paragraphe 1 de la loi du 25 juillet 1871, n° 76. Les formalités prescrites par le paragraphe précité font que ces documents offrent les mêmes garanties que les
actes dressés par le notaire et produisent les mêmes effets entre les
parties qui ont concouru à l'authentication et du moment même
où elle a eu lieu. Ces principes ont été confirmés par plusieurs décisions suprêmes, parmi lesquelles il suffit de citer celle du 9 avril
1872, n° 3530. — Les documents privés, simplement légalisés
quant aux signatures, dans le sens du paragraphe 179 de la loi
notariale autrichienne, ne sont point compris dans le titre *actes
notariés* et ne peuvent par suite être susceptibles d'exécution immédiate (1).

Pour que l'exécution immédiate soit acquise, il est nécessaire,

(1) Les écritures privées avec signatures légalisées conservent leur caractère d'écritures privées et reçoivent une sorte d'authenticité en ce qui
concerne seulement les signatures, prouvées par les certificats de conformité que le notaire y appose, qui sont pour eux seuls et en ce qui concerne les signatures seulement des documents notariés. Ces certifications
demeurent bien distinctes et séparées des écrits légalisés et ne peuvent
être confondues avec eux, de même qu'on ne peut confondre le tout et la
partie, la substance du document et les signatures qui y sont apposées.

avant tout, que l'acte notarié, pour être ainsi considéré contienne toutes les conditions requises par la loi pour le constituer. Il doit donc avoir été reçu par un notaire public, dans le ressort du tribunal de première instance dans lequel il a été nommé, et en conformité des règles contenues dans le chapitre IV et dans le paragraphe 1er du chapitre suivant de la loi notariale. En particulier il est nécessaire que l'acte soit dressé dans les formes matérielles, indispensables à sa nature intrinsèque (§ 68 de la loi notariale). A ce propos on doit observer que, pour la validité d'une obligation relatée dans un acte notarié par le débiteur, qui constitue une hypothèque et se soumet à son exécution immédiate, et pour assurer l'efficacité de cette soumission et de la constitution du gage, ne sont point exigés, malgré les dispositions du pargraphe 68, lettres c et g de la loi notariale autrichienne, ni l'intervention, ni la signature du créancier, que n'exigent point du reste, ni le paragraphe 1001 du Code civil universel autrichien, ni le paragraphe 182 du règlement de procédure civile autrichienne. Cela se justifie parce que l'acceptation de l'entière promesse du débiteur par le créancier est déjà présumée par sa possession du document et par la demande de son exécution, qui sont indubitablement considérés comme actes d'acceptation implicite, indiqués par le paragraphe 863 du Code civil universel autrichien (Décisions suprêmes du 17 oct. 1876, n° 12045 de la *Gazette des Tribunaux* 1877, n° 2; Recueil Glaser, *Unger Walker*, n° 6262) et du 30 avril 1878, n° 5120 (*Gazette des Tribunaux* 1878, n° 12 — *Zeitschrift für Notariat*, 1878, n° 22).

L'acte notarié doit ensuite être conservé et gardé par le notaire, pour avoir le caractère de stabilité et de publicité qui le distingue des écrits sous-seings privés (V. Bonnier, *Traité des preuves*, n° 145).

L'existence des conditions requises se présume dans tout acte notarié, et si les autres conditions légales, que nous examinerons plus loin, sont remplies, le juge ne peut se refuser à ordonner l'exécution, à moins qu'il ne s'aperçoive, au premier aspect, de l'absence d'une des formalités essentielles à l'acte même.

Pour l'exécution des actes notariés, il est nécessaire qu'ils aient pour objet une dette d'argent ou de tout autre chose fongible. L'article 333 du Code de procédure civile du Würtemberg, l'article 903 de celui d'Oldembourg, le paragraphe 646, n° 6, du projet d'un nouveau règlement de procédure civile pour la Prusse, et le paragraphe 773, n° 7, de celui d'Autriche, contiennent une disposition semblable. Eux aussi, de même que le paragraphe 3 de la loi notariale autrichienne, accordent l'exécution immédiate aux seuls actes notariés, qui ont pour objet une obligation personnelle, relative, à la prestation d'une somme d'argent, ou d'autres choses fongibles. L'exécution ne pourrait par suite avoir lieu dans le cas où l'acte notarié aurait pour objet un *droit réel*, ou même la prestation d'une chose en nature, ou stipulant l'obligation de faire ou de ne pas faire un travail, une œuvre, ou un fait quelconque. Les motifs de cette limitation sont ainsi exposés par le professeur Dr Gross : « Die Zulassung des Executivprocesses wurde auf die Ansprüche der genannten Art beschränkt, weil, ganz abgesehen davon, dass er der weiteren Ausdehnung des Executivprocesses an historischen Anhaltspunkten fehle, bei anderen Rechtsverhälnissen kein Bedürfnis für diese besondere Verfahrensart vorliege, weil der Executivprocess vorzugsweise bestimmt sei den Credit zu sichern und andere Rechtsansprüche sich schon irher Natur nach nicht zu sofortiger (sei es auch nur provisorischer) Vollstreckung, worauf es bei dieser Processart doch wesentlich mit abgesehen sei, eignen, ja selbst, die provisorische Verurtheilung des Beklagten mit so wesentlicher Beschränkung seiner Vertheidigung höchst bedenklich er scheine, und weil endlich ein solch anomales Verfahren doch nur Zulässig sei für präsumtiv einfache Sachen, in denen die Gefahr einer Rechtsverletzung für den Beklagten gering sei, wie es eben nur bei der oben gennanten Art der Fall ist. »

Par contre les Codes de procédure civile de la France (§ 547). du Hanovre (§ 528), de la Bavière (art. 822), de même que le projet d'un nouveau Code civil pour la Saxe (§ 748), accordent aux actes notariés la force exécutive, sans tenir compte de la nature du droit qui en forme l'objet.

Suivant le paragraphe 3 de la loi autrichienne sur le notariat, est indifférente, pour l'exécution des actes notariés, la cause de la dette qui en forme l'objet, qui peut, comme l'observe le Dr Ullmann, avoir pour fondement, soit un arrangement de famille, soit une disposition de dernière volonté, soit un prêt, soit la possession d'une chose immobilière, etc., mais doit, par contre, être toujours personnelle, et déterminée en argent, ou autre chose *fongible*.

Quelles sont les choses qui peuvent être regardées comme fongibles? L'article 301 du Code civil autrichien en donne la définition suivante : « sont fongibles (*Verbrauchbare*) les choses dont on ne peut faire l'usage accoutumé sans les détruire ou les consommer (1). »

(1) Les Romains les appelaient *res fungibiles quarum una fungitur vice alterius.*

La consommation dont parle la loi n'est point cette destruction qui s'accomplit petit à petit, mais celle qui est connexe au premier exercice de l'usage et qui s'accomplit immédiatement et nécessairement avec lui. Cette opinion trouve son plein fondement dans le sens littéral de la loi et dans la raison logique, de l'avis d'illustres jurisconsultes, entre autres du Dr Molon dans sa remarquable étude sur les choses fongibles et non fongibles d'après le Code autrichien : « Le mot consommer, dit-il, signifie *absorber. finir, réduire à néant, priver de l'existence, détruire.* » Mais, dans son acception la plus usuelle, il sert à exprimer l'acte final par lequel une chose voit s'accomplir sa destruction, ainsi que les actes primitifs et intermédiaires par lesquels elle a commencé et s'est poursuivie.

Si le législateur avait encore voulu comprendre, parmi les choses fongibles, celles que l'usage ne fait que détériorer ou diminuer, il aurait certainement employé le mot plus approprié de *diminuer, détériorer*, d'autant plus que le recueil de Justinien lui offrait belle et toute prête l'expression dont il est question dans la loi 1 ff. de usuf. *earum rerum quæ usu cons.* Donc l'expression consommer est employée pour désigner une destruction absolue par l'effet de l'usage, plutôt qu'une simple modification par détérioration ou diminution. Autant vaut-il dire que, le verbe consommer devenant synonyme de détruire, la loi aurait, avec un pléonasme vicieux, exprimé une seule et même idée; quoique, comme l'observe excellemment le professeur Winiwarter (— «. Il diritto civile austriaco sistematicamente esposto et illustrato » — traduction italienne du Dr Annibal Calligari, ediz. II, s. 301), il y aurait une notable différence de signification entre l'une et l'autre, ce qui doit certainement frapper davantage dans l'original allemand ; tandis que détruire signifie anéantir violemment les parties constitutives d'une chose, consommer indique plutôt la cessation de l'existence d'une chose dans sa forme primitive, comme il advient aux victuailles quand on les transforme en nourriture ; ou bien un changement essentiel dans la chose elle-même, comme pour la laine transformée en drap ; ou bien encore la cessation d'existence d'une chose, comme la propriété particulière de tel ou tel individu.

Il convient de noter, dit Molon, que si la loi avait eu en vue une simple consommation graduelle, il resterait toujours à savoir en combien de temps devrait s'opérer la consommation pour que la chose devînt une chose fongible; et pour éviter les contestations, il aurait été nécessaire de fixer une limite précise entre l'us et

l'abus, ou soit la consommation. Or la loi ne fait aucune distinc-
tion de temps ; et du reste, pouvait-elle la faire ? puisque le plus
ou moins de temps dépend du plus ou moins d'usage qui se ferait
de la chose, du plus ou moins de soins employés à sa conservation,
à son entretien, de l'emploi modéré et discret, ou de l'abus irré-
gulier et excessif. Le législateur ne pouvait, *a priori* adopter un
principe général, qui, dans la plupart des cas, aurait été démenti
par le fait *a posteriori*. L'idée de la fongibilité, conclut l'auteur
que nous venons de citer, est circonscrite aux choses qui se con-
somment immédiatement par l'usage, comme, par exemple, les
aliments et à celles qui, au dire de Hugo, ne servent que jusqu'au
moment où l'on cesse de les avoir, comme l'argent monnayé. Les
objets que l'usage ne fait que *détériorer et diminuer*, comme, par
exemple, les vêtements, le mobilier de maison, les livres et autres
semblables, ne sont point fongibles, quoique, par la continuation
de l'usage, elles finissent par se consommer et perdre l'existence et
leur forme primitive.

Pour l'exécution des actes notariés, d'après l'article 3 de la loi
notariale autrichienne, il faut que la dette soit concrètement déterminée par une somme précise ou une quantité numérique ; et
une telle détermination ne peut dépendre d'aucune preuve étrangère
à l'acte lui-même (1).

L'exécution peut avoir lieu non seulement pour la dette prin-
cipale, mais encore pour les accessoires, pourvu que non seulement le droit de les exiger, mais encore leur importance numérique précise résultent clairement de l'acte notarié. Il est fait
exception à cette règle lorsque la prestation de l'accessoire dérive
immédiatement de la loi, dans la mesure exacte réclamée. Ainsi,
à titre d'exemple, si quelqu'un, s'appuyant sur un acte notarié
remplissant les conditions requises par le paragraphe sus-énoncé,
réclamait par voie exécutoire la restitution d'un capital prêté, il
pourrait demander aussi le payement des intérêts moratoires au
taux légal de 6 p. 100, quand bien même l'obligation de les fournir
ne résultât pas de l'acte lui-même, vu que ces intérêts, en l'absence
de promesse spéciale, découlent immédiatement de la loi, en vertu
des paragraphes 1333 et 1334 du Code civil autrichien et du paragraphe 2 de la loi du 14 juin 1868, n° 62. Ce principe a été admis
par les décisions du 8 février 1875, n° 1535, et du 28 juillet 1875,
n° 8077, de la Cour suprême de Vienne confirmant les décisions

(1) D'après l'article 568 du Code de procédure civile italien la dette doit
être certaine et liquidé.

du 31 mars 1875, nº 1246, et du 22 octobre 1875, nº 3889 du tribunal d'appel Dalmate.

Suivant la loi notariale autrichienne, pour l'exécution des actes notariés, il est nécessaire que soient exactement désignés la personne de l'ayant droit, celle de l'obligé, le titre légal, l'objet et l'époque du payement.

Il est, en outre, indispensable que le débiteur ait expressément consenti dans l'acte notarié, que, pour la dette avouée, l'acte emportera l'exécution immédiate. La loi notariale du 18 septembre 1853 de Hanovre, est la première qui ait eu cette exigence. Successivement, la même prescription fut imposée par le Code de procédure civile d'Oldenbourg (art. 382), de Wurtemberg (art. 93), ainsi que par le projet du nouveau Code de procédure civile de Saxe (art. 748) et de Prusse (§ 616). Le Code de procédure de France (art 545-547), celui de Bavière (art. 822), le projet du nouveau règlement civil d'Autriche (§ 773, nº 7), et le règlement notarial hongrois (§ 111) accordent à l'acte notarié l'exécution parée, non point parce que le débiteur l'a consentie, mais uniquement à cause du caractère formel, authentique et incontestable, inhérent et propre à l'acte lui-même.

Il va de soi qu'on doit accorder l'exécution immédiate, même lorsque toutes les conditions requises ci-dessus ne résulteraient pas de l'acte notarié lui-même, si l'objet de la dette ou l'époque du jugement peuvent être plus exactement déterminés par un autre acte notarié plus récent.

Les procurations annexées à l'acte notarié doivent, pour lui assurer l'exécution, être revêtues du caractère authentique soit par le juge, soit par un notaire public, sans quoi elles ne peuvent être considérées comme documents publics; elles doivent, en outre, comme l'observe le Dr Ullmann, être spéciales à l'affaire dont s'agit (§ 1008, Cod. civ. autr.).

Il arrive parfois que l'obligation contenue, dans un acte notarié, est soumise à la preuve d'un fait ne résultant pas de l'acte même. Le paragraphe 3 de la loi notariale autrichienne stipule, dans ce cas, que si l'obligation dépend de l'accomplissement d'une condition, il faut pour l'exécution que la preuve de cet accomplissement résulte d'un document public. Si, par exemple, Titius s'est obligé dans un acte notarié, dressé selon les prescriptions du paragraphe 3 de la loi notariale autrichienne, de payer à Sempronius une somme déterminée, s'il obtient son diplôme de docteur en médecine, Sempronius pourrait, en vertu de cet acte, exiger de Titius le payement de la somme promise, en donnant comme preuve de l'exécution de la condition, le diplôme de docteur, obtenu par lui, document public faisant foi en justice.

La nature de la condition soit suspensive, comme en l'exemple précédent, soit résolutoire, affirmative ou négative n'a aucune influence sur l'obligation de prouver l'accomplissement de la condition (§ 696, Cod. civ. autr.).

Le retard dans le payement d'un terme du capital ou des intérêts, dont dépend l'obligation du remboursement du capital avant l'échéance, n'est point regardé comme une condition dont la preuve incombe au créancier, pour exiger l'exécution. En outre, l'exécution accordée pour un seul terme du capital ou des intérêts, implique, sauf preuve contraire, la preuve du retard et l'existence de l'obligation de rembourser le capital entier. Ainsi, par exemple, si *A*, en vertu d'un acte notarié, comportant l'exécution immédiate, a donné en prêt à *B* un capital, à condition que, si l'emprunteur ne payait pas les intérêts à l'époque convenue, il serait tenu de restituer immédiatement le capital emprunté, *A*, en poursuivant contre *B* le payement des intérêts, pourrait en même temps demander, par la voie exécutive, la restitution du capital, parce que sa demande serait justifiée par la même raison qui lui permet de demander le payement des intérêts.

Ces principes ont été adoptés par la Cour suprême de Vienne, par décision rendue en audience plénière le 16 octobre 1877, n° 10029, inscrite au n° 100 du livre des jugements, appuyée sur les considérants suivants (1) :

« Le pouvoir de fonder le droit à la poursuite immédiate en paiement, accordée aux actes notariés par l'ordonnance du 21 mai 1855, n° 95 et plus particulièrement réglée par l'ordonnance ministérielle du 18 juillet 1859, n° 130, a été établie encore mieux par le § 3 de la loi notariale de 1871, en ce sens que si l'obligé a consenti dans l'acte notarié, que ce dernier devait être, en ce qui concernait la dette reconnue par lui, susceptible d'exécution immé-

---

(1) V. la *Gazette des tribunaux de Trieste*, n° 22, vol. XI, et aussi les décisions suprêmes du 25 septembre 1872 (Livre des jugements, n° 76); 10 octobre 1874, n° 10746 (Recueil Glaser, etc., n° 5501; *Gazette des tribunaux*, 1875, n° 3); 1er juin 1875, n° 6898 (*Gericht-Zeitung*, 1876, n° 78; Recueil Glaser, etc., n° 5742); 21 novembre 1876, n° 12549 (*Gazette des tribunaux*, 1877, n° 2; *Zeitschrift für Notariat*, 1877, n° 1: Recueil Glaser, etc., vol. XIV, n° 6292); 11 janvier 1877, n°° 8653-8763; *Zeitschrift für Notariat*, 1879, n° 37).

diate, l'acte lui-même emporterait l'exécution immédiate comme les conventions conclues en justice.

« Or l'expérience surtout nous enseigne que, lorsque, pour terminer un différend, il a été stipulé en justice une convention entraînant l'obligation pour le débiteur de payer une dette au bout d'un temps déterminé, et, en attendant, d'en payer l'intérêt à telle échéance, et même de payer la dette par termes et avec clause expresse, qu'en cas de retard dans le payement des intérêts ou d'un seul terme du capital, le montant intégral de la dette en capital et intérêts pourra être exigée, sans retard et sans tenir compte des termes convenus, les juges n'hésitent jamais à accorder l'exécution au créancier, qui, sur les bases de la convention judiciaire et, avec cette seule restriction que le débiteur n'ait pas à payer les termes de capital et d'intérêts précédemment acquittés, demande l'exécution pour tout le surplus de sa créance.

« La condition, que l'exécuté n'a point rempli son obligation de payement, contenue dans une sentence ou dans une convention judiciaire, est toujours la base de la demande d'exécution pour la totalité de la créance; mais n'est point une condition dont le créancier devra faire la preuve pour pouvoir prendre la voie exécutoire.

« Si l'on admet qu'en s'appuyant sur un document notarié, stipulant la déchéance des termes et l'exécution immédiate, on puisse demander et obtenir l'exécution immédiate pour le montant d'un seul terme échu des intérêts ou du capital, sur cette seule affirmation que ce terme n'a pas été payé, il doit en être de même lorsque le créancier veut en même temps exiger le capital ou le reste du capital. En effet, étant admis la possibilité de la poursuite exécutoire d'un seul terme d'intérêt ou de capital par cela seul que l'échéance est passée, on doit, en même temps, aux termes de la disposition emportant exécution immédiate, contenue dans l'acte notarié, ou tout équivalent à une convention judiciaire, admettre la possibilité de la poursuite exécutoire de tout le capital ou de tout le reste du capital, qui en est une conséquence.

« Les règles établies par le règlement judiciaire sur la charge de la preuve, ne sont point enfreintes ni par les lois sur les procès par mandat, ni par le paragraphe 3 du règlement notarial.

« Si, dans la seconde partie du paragraphe précité, il est fait mention d'autres preuves qualifiées, éventuellement nécessaires, cela ne peut se rapporter qu'à ces circonstances de fait et à ces rapports, dont déjà, par règle générale, la preuve incombe au créancier qui este en justice.

« Si le débiteur, frappé d'exécution, croit pouvoir soutenir qu'il a payé à temps, en argent ou d'autre façon le terme échu d'intérêts ou de capital, ou qu'il lui a été accordé postérieurement un nouveau délai ou qu'il a été dispensé des conséquences de droit du retard, dans ce cas, il peut avoir recours à l'opposition dans le sens du décret aulique du 22 juin 1836, nº 145 ; mais, en aucune façon, le débiteur ne pourra prétendre que le créancier soit tenu de produire une preuve en genre et en espèce, émanant d'un document public, sur le fait du non payement par le débiteur du terme échu des intérêts ou du capital. Si, pour soutenir l'obligation de cette preuve, on voulait faire allusion à la possibilité offerte au créancier de se la procurer, en faisant interpeller le débiteur par le notaire, comme cela se pratique dans la levée des protêts dans les actions commerciales, on devrait répondre que cela imposerait au créancier une obligation, inconnue jusqu'à ce jour, dans les rapports du seul droit civil et que, du reste, cette interpellation ne fournirait une preuve que dans le cas où le débiteur consentirait à donner au notaire une réponse et à lui avouer son retard et la déchéance qu'il entraîne, pour que le notaire la constate par sa propre certification. En attendant, dans la plupart des cas, le créancier devrait, avant tout, suivre la voie civile ordinaire pour obtenir une sentence sur l'avération de la déchéance. Une telle interprétation du paragraphe 3 du règlement notarial autrichien serait manifestement contraire au but de la loi. »

La jurisprudence italienne a accepté, elle aussi, les principes exposés ci-dessus. Entre autres décisions, il faut citer celle du 27 décembre 1878 de la Cour de cassation de Turin (1), dont nous reproduisons l'intéressant fragment qui suit :

« ... C'est avec raison que la Cour d'appel accepte l'acte notarié, du 9 juin 1875, comme constituant par lui seul un titre efficacement exécutoire, bien que de l'acte lui-même ne résulte point la réalisation de la condition de caducité, soit le retard dans le payement des intérêts semestriels outre les termes convenus.

« Il est facile, en fait, de s'apercevoir que, si une telle objection était admissible, aucun acte de prêt ne serait jamais un titre exécutoire pour le recouvrement du capital ni des intérêts, car l'exécution suppose toujours que le payement n'a pas eu lieu et l'acte lui-même ne fait jamais la preuve que le payement n'a pas eu lieu. Dès lors une sentence judiciaire serait toujours nécessaire pour déclarer

____

(1) Elle a été publiée à la page 52 du vol. III de la *Revue judiciaire de Palerme* : « Il notoriato italiano. »

l'existence de cette indispensable condition du défaut de payement.

« De même qu'il serait absurde de nier, qu'après l'échéance passée des termes fixés pour le payement des intérêts, il soit facultatif au créancier de procéder exécutivement en vertu du titre seul au recouvrement des intérêts, sauf au débiteur à faire opposition, s'il a vraiment payé, de même il n'est point permis, sans enfreindre les règles de la logique, de soutenir que le titre seul, après les échéances des termes, ne pourra suffire pour la répétition du capital, par l'incontestable raison que le retard de payement, qui autorise le recouvrement exécutoire des intérêts, est certainement le même fait, qui, de convention expresse entre les parties, constitue la cause de caducité, et autorise la répétition du capital.

« Il en serait autrement si la condition résolutoire consistait en un événement étranger au débiteur. Dans ce cas certainement, la réalisation de cet événement ne résultant pas de l'acte, celui-ci manquerait d'un élément indispensable pour être par lui-même exécutoire, et il devrait être complété par une déclaration judiciaire constatant la réalisation de la condition; mais quand celle-ci consiste simplement en un *non fait* du débiteur, il est de son essence que le créancier ne soit pas tenu d'en faire la preuve, sauf au débiteur lui-même à prouver, comme il le pourra, le contraire. »

Dans le cas ou l'obligation dépendrait de l'arrivée d'une époque, non précisée par une date du calendrier, l'arrivée de cette époque devrait être prouvée par un document public, pour que l'acte notarié fut susceptible d'exécution immédiate. Ainsi, par exemple, si Antoine, par acte notarié, s'était obligé à payer à Paul, sous peine d'exécution, une somme déterminée après la mort de Pierre, Paul, pour pouvoir procéder exécutivement contre Antoine, devrait prouver la mort de Pierre, au moyen d'un document public faisant foi, comme serait l'acte de décès délivré par le curé.

S'il arrive, par suite de cession, assignation ou quelque autre acte entre vifs, ou par suite de succession, un changement de personne, du créancier ou du débiteur portés dans l'acte constitutif, il est nécessaire, pour obtenir l'exécution, d'en justifier régulièrement au moyen de documents publics.

A quel tribunal doit être demandée l'exécution découlant d'un acte notarié contenant les conditions prescrites par le paragraphe 3 de la loi notariale autrichienne? Aucune disposition explicite de la loi ne répond à cette question; on doit s'en rapporter à ce sujet à l'esprit de la loi et à l'analogie (§ 7 Code civil universel et § 560 règlement judiciaire autrichien).

Il semblerait, au premier abord, que les actes notariés, dont parle le paragraphe 3 de loi notariale autrichienne, étant assimilés aux conventions conclues en justice, on doive appliquer la règle générale posée par le paragraphe 59 du règlement de la juridiction du 20 novembre 1852, n° 251, c'est-à-dire que la mise en mouvement de l'exécution doit être demandée au juge qui a prononcé la décision de première instance et devant lequel a été conclue la convention susceptible d'exécution.

En effet, soit que l'on considère que le paragraphe sus-énoncé de la loi notariale ait en vue une exécution qui ne s'appuie pas sur une intervention antérieure du juge (*judex cognitionis*); soit que l'on pense aux motifs du dispositif du paragraphe sus-énoncé de la règle des juridictions, consistant certainement dans la nécessité que le juge compétent puisse se persuader que la décision ou la convention, à rendre exécutoire, contient tous les caractères extérieurs de sa légalité; soit enfin que l'on considère que de même lorsqu'il s'agit d'acte notarié, il est nécessaire qu'un juge, avant de le rendre exécutif, s'assure de sa légalité de forme — on doit conclure que ce juge doit être plus tôt que tout autre, le juge personnel, c'est-à-dire celui du domicile du débiteur (§§ 13, 18, 23, 27, 29 de la règle de la juridiction), à moins que, soit à cause de l'importance (§ 15 n. g.), soit à cause d'une fiction légale concernant le domicile (§§ 34, 44, 56 n. g.), soit à cause de la qualité du débiteur (§§ 42, 58, 59 n. g.; § 38 du Code de commerce) ou par suite de pacte conclu par les parties, dans les limites du paragraphe 47 de la règle de la juridiction, on ne doive admettre la compétence d'un tribunal extraordinaire.

Cette opinion est appuyée de l'autorité de Mattei, qui dans sa note 214 au paragraphe 65 de la règle des juridictions pour la Lombardie-Vénétie, s'exprime ainsi : « La règle ordinaire est de demander le premier effet de l'exécution au juge même à qui on aurait demandé la condamnation, si la cause avait été portée devant lui. » Cette maxime a été expressément adoptée aussi par le règlement notarial hongrois.

L'exécution doit se faire comme en matière sommaire, ou comme en matière ordinaire, suivant le montant de la dette reconnue par l'acte notarié.

Les principes que nous venons d'exposer sont corroborés par la jurisprudence constante des tribunaux et spécialement par les décisions suprêmes du 9 octobre 1877, n° 12092 et du 22 janvier 1878, n° 696 (*Gazette du tribunal de Trieste*, 1878, n° 12, p. 94, et *Gerichtshalle*, 1878, n° 35).

Dans l'instance en exécution on doit produire l'expédition authenti|ue de l'acte notarié, avec toutes ses annexes et dans toute sa teneur, quand bien même l'acte lui-même comprendrait plusieurs affaires indépendantes (L. 102, règ. not.) (1).

La sentence du juge, refusant l'exécution demandée par le créan-cier est susceptible de recours au tribunal d'appel. Ce recours doit être présenté au tribunal de première instance, dont fait partie le juge qui a rendu la sentence, dans le délai de huit ou de quatorze jours, en observant que, suivant l'importance de la dette, on doit employer la procédure sommaire ou la procédure ordinaire. Pour le même motif on verra si le recours contre deux sentences conformes pourra être admis.

Si l'on a demandé l'exécution pour une partie de la dette ne dépassant point le maximum fixé par la loi pour la procédure sommaire, on ne peut demander le recours contre deux décisions conformes, quand bien même elles auraient refusé l'exécution immédiate et quand bien même le tribunal inférieur au lieu d'un procès sommaire aurait par erreur commencé un procès en exécution.

La requête directe pour attaquer par les voies civiles la force exécutoire d'un acte notarié peut être présentée, non seulement après que l'exécution a été décrétée, mais même préventivement, pour s'assurer qu'une telle décision ne sera point prise ensuite.

Le demandeur prouvant qu'il a produit sa requête, peut, jusqu'à ce que la cause soit jugée, obtenir la suspension de l'exécution re-quise contre lui (2), toutes les fois qu'il sera prouvé par une enquête judiciaire ou par des documents dignes de foi et non par autre preuve, que, dans la réception ou dans la délivrance de l'acte notarié, n'auront été lésées aucune des prescriptions de la loi nota-

(1) L'*expédition*, de même que la copie authentique, est l'exacte tra-duction et reproduction de l'acte, authentiquée par le notaire de la façon réglée par la loi. D'autre part, l'expédition est distincte de la copie, en ce sens que l'expédition ne peut être délivrée à personne si ce n'est aux par-ties qui ont passé l'acte et qu'il ne peut en être délivré qu'une seule, sauf les exceptions prévues au paragraphe suivant, tandis qu'au contraire les copies authentiques peuvent être délivrées et même plusieurs fois à tous les intéressés et à leurs représentants légaux. D'autre part, l'expédition doit être revêtue non seulement de la certification de sa conformité avec l'ori-ginal, mais encore de l'énonciation de la personne à qui elle a été délivrée et de l'époque de cette remise ; sa délivrance doit être notée sur l'original, et pour la délivrance d'une seconde expédition on doit observer les pres-criptions du § 94 et du second alinéa du § 101 de la loi notariale.

(2) Et jamais d'office.

riale, de l'observance desquelles dépend la force de l'acte comme document public ou sa puissance d'exécution, § 31 (alinéas 2 et 3), 33, 34, 44, 45, 54, 65 à 100 du règl. not. — Décis. super., 30 avril 1878, n° 5120, *Zeitschrift für Notariat*, 1878, n° 22 ; *Gazette des tribunaux de Trieste*, 1878, n° 12.

La sentence par laquelle le juge, admettant la demande du créancier, autorise l'exécution, est susceptible de recours au tribunal d'appel. Ce recours revêt le caractère d'une attaque dirigée contre le juge, attendu qu'il tend à démontrer qu'il a autorisé l'exécution malgré que l'acte notarié, sur lequel il s'est basé, présentât des défauts ou des vices qui excluaient l'admissibilité de l'exécution immédiate et que le juge aurait pu et dû relever lui-même. Le recours n'a d'effet suspensif que dans le cas ou, moyennant l'exécution de la sentence, on rendrait illusoire l'admission éventuelle du recours.

Toutes les fois que l'exécuté prétendra que par des faits postérieurs à la passation de l'acte notarié, comme le paiement, ou une novation de dette, etc.... le droit de l'exécutant a cessé d'exister, il pourra, d'après le sens et les règles du décret aulique du 22 juin 1836, n° 445, introduire une nouvelle instance dans le but d'attaquer ou de faire suspendre l'exécution.

Par une étroite conséquence des dispositions dudit décret aulique, il aura la même faculté lorsque le droit à l'exécution, obtenue en vertu de l'acte notarié, apparaîtra non déjà éteint, mais non encore né, par exemple si l'un des termes de la dette a été payé à temps, et si jusqu'alors l'exigibilité totale prévue par l'acte n'a pu être invoquée et vérifiée (1). Ce principe a été établi par la décision de la Cour suprême du 27 janvier 1180, n° 960, page 172 du XV° volume de la *Gazette du tribunal de Trieste*.

Enfin, comme il est exposé dans les considérants qui accompagnaient le projet du règlement notarial autrichien, présenté par le gouvernement, on peut attaquer la valeur intrinsèque et le contenu de l'acte notarié, suivant les règles générales du droit.

(1) Voir les décisions suprêmes des 27 février 1877, n° 2874 (*Jurist. Blätter*, 1879, n° 22) ; 10 juin 1879, n° 3563 (*Jurist. Blätter*, p. 167) ; 28 juillet 1880, n° 7223 (*Zeitschrift für Notariat*, 1881, n° 52, p. 310) et 26 janvier, n° 14981, année 1880 (*Zeitschrift für Notariat*, n° 30, p. 165).